Für G·L·P·E·E

Hartmut Aufderstraße

IN DIE ZEIT
GEFALLEN

Verdichtete Gedanken

Impressum

Bibliografische Information der Deutschen
Nationalbibliothek:
Die Deutsche Nationalbibliothek verzeichnet diese
Publikation in der Deutschen Nationalbibliografie;
detaillierte bibliografische Daten sind im Internet über
http://dnb.dnb.de abrufbar.

© 2021 Hartmut Aufderstraße

Umschlaggestaltung, Porträtfoto: Jan Aufderstraße

Herstellung und Verlag: BoD – Books on Demand,
Norderstedt

ISBN: 978-3-7543-2694-7

Inhalt

In die Zeit gefallen

Niemand wollte mich

Oder doch?

Ein Kind der Liebe?

Wer weiß es

Fragen kann ich keinen mehr

Ich fiel aus dem Nichts in die Zeit

Und bin angekommen

Keine Peilung

Aschenbecher

Eine Pfeife

Mundstück ist vom Kopf getrennt

Glas mit Messingklammern

Dreiundzwanzig Stück

Kerze, Sparschwein, Locher, Briefbeschwerer

Becher voller Pinsel, Kulis und Radierer

Noch ein Ascher und ein Taschenbuch

Ist das wichtig?

Warum sitze ich nur hier?

Das Buch

Jetzt hab' ich endlich Energie

Morgen geht's los

Alles ist soweit fertig:

Papier ist da

Auch der Papierkorb

Tabak, Pfeife, Whiskey

Die Ideen fließen stetig

Nichts leichter

Als sie aufzuschreiben

Ich brauche jetzt nur Ruhe

Dann geht es morgen frisch ans Werk

Oder übermorgen

Tage

Es gibt Tage, da

Genügt eine Blume, aufs Papier gekritzelt

Und Tage, da

Sind Stunden noch zu wenig

Es gibt Tage mit Blaulicht

Und Tage mit Kinderliedern

Es gibt Tage mit Schweigen

Und Tage mit Pizzaorgien

Tage gibt es

Die sich auf Viertelstunden reduzieren

Tage mit Missverstehen

Aber auch Missverstehen

Ist eine Form von Verstehen

Es gibt Tage im Regen

Und Nächte mit frostklarem Himmel

Herrlich zum Spazierengehen, aber

Es gibt Märchentage

Und Gedichttage

Dann gibt es sogenannte Einworttage

Es gibt Tage mit Sekt

Oder nur Mineralwasser

Oder zu viel Kaffee

Es gibt Tage mit einem zaghaften „Jein"

Oder einem fröhlichen „Nein"

Dann noch die Tage mit Antizipationen

Tage mit 10 oder 16 Ampère

Oder solche

Da sind Sicherungen nicht notwendig

Die Gedanken

Die Gedanken mögen frei sein

Was ist schon dabei?

Die Gefühle sind's nicht.

Ich denke, was ich will

Doch was mich beglücket

Kommt aus dem Bauch

Und sperrt' man mich ein

Im finsteren Kerker

Meiner Seele

Reißen die Gedanken

Keine Mauern entzwei

Kaum 10 Minuten

Kaum 10 Minuten kann ich mal

Ganz still so vor mich hin leiden

Entweder ist's das Tele- oder Smartphone

Die Klingel an der Haustür

Oder eine Stimme, die von unten ruft: „Kaffee"

Der Rausch ist nicht verwirklichbar

Nicht Glücksgefühl noch Trauer

Nur Melancholie

Kann man intensiv noch ausleben

Manchmal, sinnend

Oder unvermittelt

Bei einer Pause im Satz

Zeigt mein Gesicht

Unmerklich

Ein Lächeln

Nicht ohne Grund

Soziales Netz

In Zeiten

Konjunktureller Schwäche

Können durchaus

Höhere seelische Einkommen

Mit einer inneren

Ergänzungsabgabe

Belegt werden

Bis die Talsohle

Durchschritten ist

Ängste

Einer Kind gebliebenen Seele

Angst

Missverstanden zu werden
Dass nicht alle Texte mehr Gültigkeit haben
Vor Masken (auch eigenen)
Vor zu viel Öffentlichkeit
Zu nahe zu treten
Zu verletzen

Nicht mehr spontan zu sein
Dass meine Mittelmäßigkeit erkannt wird
Zu zudringlich zu sein
Dass Solidarität, Grundkonsens und Vertrauen
Schaden nehmen

Dass nicht alles gesagt wird

Dass zu viel gesagt worden sein könnte

Zu sensibel zu sein

Falsche Eindrücke zu haben

Zusammenhänge nicht zu erkennen

Okay – zugegeben:

Angst

Nicht mehr gemocht zu werden

But I'm just a soul who's intentions are good

Oh Lord, don't let me be misunderstood

Verpassen Sie nicht unsere nächste Folge

Mit dem Titel „Vertrauen"

Nicht mit fliegenden Fahnen

Nicht mit fliegenden Fahnen

Nicht mit wehenden Röcken

Mit behutsamen Schritten

Nicht mit voller Wucht

Nicht mit aller Kraft

Langsam, ganz von selbst

Nicht mit brennenden Blicken

Nicht mit gärendem Blut

Den Puls nur unmerklich erhöht

Nicht wie ein Sturm

Nicht wie ein Beben

Wie ein Hauch

Kamst du auf mich zu

Die spielenden Haare

Die großen Augen

Die tastenden Hände

Sah ich

Meine Arme sind weit

Deseo

El deseo de cercanía

Crece por la cercanía

El deseo de hablar

Crece hablando

El deseo de ser amado

No se asegura por la respuesta

El deseo de ver lo bello

No se cumple por lo bello

El deseo de dar duración

A este movimiento, a esta conmoción

Es grande, nunca seguro y nunca cumplido

El movimiento permanente

Puede ser amistad

La amistad podría ser

Tan sólo movimiento

Amistad contigo

Con tu misterio

Con tu vulnerabilidad

Es más

Verlangen

Das Verlangen nach Nähe
Wächst mit der Nähe

Das Verlangen zu reden
Wächst beim Reden

Das Verlangen gemocht zu werden
Wird durch die Antwort nicht erfüllt

Das Verlangen das Schöne zu sehen
Wird durch das Schöne nicht erfüllt

Das Verlangen
Dieser Bewegung, dieser Erschütterung
Dauer zu verleihen
Ist groß, niemals sicher und niemals erfüllt

Die dauerhafte Bewegung

Kann Freundschaft sein

Freundschaft könnte

Allein Bewegung sein

Freundschaft mit dir

Mit deinem Mysterium

Mit deiner Verletzlichkeit

Ist mehr

Et altera pars

Il y avait des réalités décevantes

Il y avait des rêves

Il y avait l'envie

Et il y avait le doute

J'étais déchiré

L'amour me prenait des deux côtés

Puis il y a eu l'entretien

Et j'ai perdu une amante

Mais gagné une amie

Die andere Seite

Da waren enttäuschende Wirklichkeiten

Da waren Träume

Da war Sehnen

Und es gab Zweifel

Ich war zerrissen

Die Liebe packte mich von beiden Seiten

Dann das Gespräch

Und ich verlor eine Geliebte

Aber gewann eine Freundin

Grenzland

An der Grenzlinie

Unserer Freundschaft

Beginnt das Land Habibistan

Dort gibt es keinen Stacheldraht

Aber beim Grenzübertritt

Kann man sich

Schwer verletzen

Der Übergang

Ist nicht vermint

Aber scharf bewacht

Nur einzeln

Können wir hinüber

Jeder für sich

Geht manchmal hin

Aber zusammen

Bekommen wir keinen Passierschein

Nur zuweilen

Schaut der Posten zur Seite

Dann können

Unsere Hände

Den Boden

Von Habibistan berühren

Die Weite der Ebene

Erahnen

Den Landsommer

Spüren

Den Windhauch

Vernehmen

Am Morgen, als ich ging

Am Morgen, als ich ging

Da warn Gedichte in der Luft

Ganz zarte Glaskristallgebilde

Die kitschiges Betrachten

Nicht ertrugen

Welch ein Geschwätz

von „Liebesnächten", „Mondschein",

„Zweisamkeit"

Zwei Körper – Menschen – Menschlein, die

Behutsam, lautlos, sich berühren

Und nur im bloßen Dasein sich

Und Zärtlichkeit verlieren

Und keins der leeren Worte über sich

An sich verschwenden

Die diesen Rest von Leben

Der heute uns noch bleibt

Im Schweigen solidarisch tief empfinden

Und gegenseitig sich nur ahnen, fühlen

In jener großen Dunkelheit

Maßlos traumtrotzige Übertreibung

Wenn die Zeiger sich auch bewegen

Lehrt doch die Relativitätstheorie

Dass der Sternenhimmel

Da da da

Über den Nebeln des Ganges

Atemlos stehen kann

Wenn ein Sandkorn

Unter vier Augen

Ins Getriebe gerät

Mea maxima culpa

Auf der Baustelle

Meines Innenlebens

Begannst du

Den Schutt fortzuräumen

Du rührtest den Mörtel an

Gossest vorsichtig Fundamente

Und zogst Wände hoch

Doch bevor das Dach noch

Gelegt werden konnte

Wurde Dir klar

Dass ich dich nicht

Darin würde

Wohnen lassen

Storming brain with dictionary

unabsehbar	
unantastbar	
unauffällig	freundlich
unbändig	gegenwärtig
unbefangen	
unbefugt	gelassen
unbegründet	glücklich
unbesehen	lieb
uneingeschränkt	
unerfindlich	schwebend
unerhofft	schweigsam
unerhört	seiend
unerlaubt	
unersehnt	sprudelnd
ungeahnt	verliebt
ungefragt	wohlig
ungewollt	
unglaublich	zärtlich
unmäßig	zeitlos
unschicklich	zufrieden
unumwunden	
unverdient	zweisam
unverschämt	
unzulässig	

Ohne doppelten Boden

Ohne doppelten Boden

Balancieren sachte Gefühle

Hinaus auf das Seil

Selten nur kommen sie an

Ohne Schwindeln

Land, wüst

Aus dem Moos auf den Mauern

Der Ruinen

Eine Stelle

An der etwas aufblüht

Über dem Trümmerfeld

Licht wie von Dalí

Ein warmer Hauch

Über der Ebene

Weckt den Keim

Einer neuen Erinnerung

An das Potenzielle

Durch Moos und wilde Kräuter

Dringt auf einmal

Zwischen Farn und Gänseblümchen

In einer Nische

Sachte und lautlos

Ein Strahl

Rede einer Nacht

Rede einer Nacht

Gehalten von dem Stern

Der tags sein Manuskript verliert

Hörer sind die Liebenden

Welche warten, bis er spricht

Musik der Sphären

Nach der großen Partitur

Die nie ein Mensch gesehen hat

Das Gedicht ist schon zu Ende

Und die Nacht

Der Wecker klingelt

Sterne sind tags unsichtbar

Negationen

Nicht zu viel reden

Nicht nachdenken

Nicht lieben

Kommen lassen

Die Zeit für sich arbeiten lassen

Oder gegen sich

Nicht bereuen

Nicht drauf freuen

Jedenfalls nicht zu stark

Nicht arrangieren

Nicht drängen

Nicht weinen

Jedenfalls nicht zu viel

Jeder ist einer

Und einer ist keiner

Nicht Angst machen

Jedenfalls nicht zu viel

Traumlos

Sobald Tränen unvermeidlich werden

Sagtest du

Wenn die Nächte anfangen

Schlaflos zu werden

Sagtest du

Hören wir einfach auf

Als wir begannen die Tränen

Zurückzuhalten

Nahmen wir längst

Schlafmittel

Inzwischen sind Tränen

Sinnlos geworden

Und wir schlafen

Traumlos

Vom Gedächtnis der Seele

Man kann das Papier

Auf dem sie stehen

Vernichten

Sind aber die Gefühle selbst

Deswegen

Auch tot?

Auch wenn die Seele

Im Exil ist

Verliert sie deshalb

Ihr Gedächtnis?

Für den Fuchs, den man gezähmt hat

Bleibt man verantwortlich

Und die Rose

Die man einmal pflegte

Bleibt einzig

Auch wenn sie weit fort ist

Balanceakt

Auf dem Seil stehend

Erstmalig

Links und rechts

Hinabsehen können

Ohne zu Schwindeln

Wie viele Schritte noch?

Schön, wenn das Seil

Unendlich wäre

Gute Seile halten vielleicht

Ihre, zwanzig, dreißig Jahre

Oder ewig

Hilfestellung

Komm

An meine Brust

Und weine

Und wenn du fertig bist

Wechseln wir die Seiten

Und wenn wir beide

Ausgeweint haben

Komm wieder an meine Brust

Und wir lachen

Da Capo

Alles noch einmal

In der Erinnerung

Durchleben

Die Lieder noch einmal

Hören

Die Gedichte noch einmal

Schreiben

Hier ein Verb in die Vergangenheit

Setzen

Dort einen Satz

Streichen

Ein Wort

Vergessen

Einen neuen Ton

Vernehmen

Hoffnung wieder

Empfinden

Desaster

Erahnen

Da capo!

Nochmal!

Al segno?

Bis zum Zeichen?

Nos acercamos así

Como si nos hubiéramos conocido

Desde hace mucho

Me preguntaste si era él

Del que conocías ya el nombre

Por mi libro

Y empezamos

A hablar de cosas comunes

Sintiendo ya

Que en realidad

Hablamos

De algún amor

Fugitivo

Sin perspectivas

Pero existente

Durante una semana

Sabíamos

Que habíamos

Pasado la límite

De ser extranjeros

El uno para el otro

So näherten wir uns

Als hätten wir uns gekannt

Seit langer Zeit

Fragtest du, ob ich es sei,

Dessen Namen du schon kanntest

Von meinem Buch

Und wir begannen zu reden

Über Dinge ohne Belang

Schon fühlend, dass

In Wirklichkeit

Wir über Liebe sprachen

Irgendeine

Eine flüchtige

Ohne Perspektive

Aber vorhanden

Eine Woche lang

Wir wussten

Wir hatten

Die Grenze überschritten

Einer dem Anderen

Fremd zu sein

Was wirst du tun?

Was wirst du tun

Wenn ich nach Jahren

Wieder dir begegne?

Wirst du kurz vorher stehen bleiben

Einen Augenblick verhalten, denken:

Mensch, den Typ kenn' ich doch

Wie hieß er gleich?

Das war doch damals, neunzehnhundert…

Wirst du, im Auge eine Träne

Nur einfach weitergehn

Als hättest du mich nicht gesehn?

Wirst fröhlich

Auf mich zugelaufen kommen

Und schon von Weitem sagen:

Mensch, schön, dass ich dich wiedersehe?

Wirst du mir stolz von deinen Kindern

Haus und Garten, deinem Halbtagsjob berichten?

Wirst mit kaum merklich zitteriger Stimme

Von deiner Scheidung

– Zwei Jahre ist es nun schon her –

Erzählen und dass du nun

Gewisslich niemals wieder

In die Falle gehen wirst?

Vielleicht sagst du nur

Hallo – na du?

Stuppst mich leicht an meinen Ärmel

Und wir trinken einen Kaffee

So wie damals

Was werde ich wohl tun

Wenn wir nach Jahren

Wieder uns begegnen?

Sin consecuencia

Yo te ví

Tu me viste

Me mirabas

Yo te miraba

Se fijaban nuestras miradas

La una en la otra

Tu ardías

Yo ardía

Y voluntarios

No nos tocamos

Ni nos hablamos

Nos separamos

El uno se fué en una dirección

El otro en la otra

Folgenlos

Ich sah dich

Du sahst mich

Du sahst mich an

Ich sah dich an

Unsere Blicke verfingen sich

Einer in dem Anderen

Du branntest

Ich brannte

Und freiwillig

Berührten wir uns nicht

Noch sprachen wir uns an

Wir trennten uns

Der Eine ging in die eine Richtung

Der Andere in die Andere

Unterlassungen

Eine Hand

nicht nehmen

Ein Haar

nicht streichen

Lippen,

die eine Wange nicht berühren

Arme,

die sich nicht streifen

Blicke,

die sich nicht begegnen

Warum eigentlich nicht?

Träume sind nicht strafbar

Komplizierte Konstruktionen

Glauben dürfen

Nichts Falsches gesagt zu haben

Vermuten können

Auch etwas Falsches gesagt haben

Zu dürfen

Wissen

Dass auch etwas Falsches gesagt zu haben

Nicht ausschließt

Richtig verstanden worden

Zu sein

Sei kein Frosch

Warum bist du so dumm,
du kleiner Frosch?
Versteckst dich hier in meinem Haus,
dass ich dich gar nicht finden kann.
Machst nur gelegentlich mal "Bip".
Was nervt.

Und doch bist du vielleicht wie ich,
– mein Bruder, oder was?
Kaum einen Daumen bist du lang.
Willst dich nicht zeigen
und machst trotzdem Krach.

Willst mir nur sagen,
wie unbedeutend alles ist.
Nur eine Mücke hier und da
scheint dir zum Leben auszureichen.

Gut – deinen Schrei nach Liebe,
den verstehe ich.

Gib mir die Chance dich mir zu zeigen,
damit ich an die Luft dich setzen kann.
Dann wird vielleicht dein Schrei
auch irgendwann erhört.

Als ich das Rad erfand

Als ich das Rad erfand,

Kam gleich am nächsten Tag

Ein Herr von der Patent-Höhle

Und sagte mir,

Dass er schon einen Interessenten für mein Rad

wüsste:

Die „International Troglodytes Company"

Noch am selben Abend

Wollte ich mein Rad verbrennen

Aber da musste ich feststellen,

Dass irgendein Idiot inzwischen

Die Feuerwehr erfunden hatte.

Als ich das Pulver dann erfand

Als ich das Pulver dann erfand

Fand ich mich ziemlich genial

Welch Freude für die Menschen

An Feiertagen national

Und international

Dann auch Silvester

Wenn die Raketen

Gold und Silber

Sowie alle Farben

An die Himmelsleinwand sprühten

Doch kann kam Bruder Schwarz

Und fand noch andere

Verwendungszwecke

Und ungeschehen

Konnte ich es nicht mehr machen

Als ich den Regenbogen dann erfand

Geschah dies unwillkürlich, unerhofft

Ganz nebenbei an meines Flusses Rand

Von Unterrot bis Überlila

Erstreckte er sich kegelförmig

Vom Wasserspiegel in den Himmel

Wo er in einem Nimbostratus

Sich verlor

Und viele sahen die Erscheinung

Und freuten sich daran

Nur Jimmy ging nicht hin

Denn niemand kann den Regenbogen nutzen

Als Handelsware, Kriegsgerät

Für Börsenkurse ist er zu vergänglich

Und keiner hat die Rechte dran

Für diesmal war ich richtig glücklich

Und mein (Er)findersinn begann

Sich fortan solchen Phänomenen zuzuwenden

Zuwiderhandeln

Ich möchte den Rasen betreten

Und Blumen pflücken

Die Eltern, wenn es sein muss

Für mich haften lassen

Geschwindigkeiten übertreten

Rot nicht achten

Rückwärts durch die ganze Rue de Vaugirard

Schrauben mit dem Hammer drehen

Nachts um drei versessen Schlagzeug spielen

Meinen Hund mal scheißen lassen

Mitten auf den Bürgersteig

In der Kaffeepause Tee mal trinken

Keine Maske tragen

In der Ruhezone laut mit dir fernsprechen

Dich mal unsittlich bestreicheln

Ich möchte, schlicht, zuwiderhandeln

Morpheus' Bruder

Der Pfarrer sprach vom Sterben

Von Gottes Gnade, ew'gem Leben

Ne halbe Stunde lang

Und keiner hört ihm zu

Der Tote lag im Sarg

Im Grab beinah

Wozu noch lange für ihn werben?

Er hat doch endlich seine Ruh

Die Toten werden immer mehr

Um sie braucht man sich nicht zu kümmern

Wir bräuchten dich, Herr Pfarrer, sehr

Wir, die noch leben

Sind wir auch eine Minderheit

Um Minderheiten gilt es sich zu kümmern

Der Pfarrer sprach von Lazarus

Hofft er, dem Zwang der Mehrheit zu entgehen?

Herr Pfarrer, täusch dich nicht

Du bist mein Bruder

Ich nahm das Leben nicht zu Lehen

Es wurde mir gewaltsam aufgezwungen

Nun sag, Herr Pfarrer, wo ist Sinn?

Gezwungen zum Leben

Gezwungen zum Sterben

Ist das das Los des Menschen?

Der Pfarrer hörte auf zu reden

Er schloss die Bibel, sang noch eins

– Fast ganz allein –

Dann trat er auf uns zu

Gab uns die Hand

Und infizierte alle

Mit dem Sterben

So bin ich wohl

N' bisschen Unbekümmertheit

N' bisschen Ernst

N' bisschen christliche Sozialethik

N' bisschen Freiheit von Sartre

Etwas Absurdes von Camus

Ein wenig Liebe

Von mir selbst?

N' bisschen Bach, Beethoven und Ray Charles

Doch niemals Jürgen Drews

N' bisschen Orgel und Klavier

Auch Vibra- und mal Saxophon

Und dann Papier, ganz viel Papier

So bin ich wohl

Vorhang

Keine Erklärungen mehr

Ein Blick

Zärtlich

Verständig

Die Lider

Ein bisschen mehr als sonst

Gesenkt

Kein Händedruck

Nur Fingerspitzen aufeinander

Ohne Druck

Kaum berührt

Kein Streicheln mehr

Ein Kuss?

Nein, kein Pathos

Zögernd lösen sich

Die Finger voneinander

Zweifel

Zwar ist das Sterben

Auch kein Ausweg

Doch setzt es einen Punkt

Den Rest soll'n jetzt

Die Andern übernehmen

Ich hab mein' Teil getan

Nur, leider, ist es mir missglückt

Das Leben hat für mich nichts mehr bereit

Was ich nicht ausgekostet habe

Die Sicherheit, die ich noch brauch'

Und auch schon hab'

Denn mein Entschluss steht fest

Die liegt im freien Willen

Auf Neuauflagen von Erfahrungen

Die mir endgültig bekannt

Kann ich verzichten

Doch dieses dann

Dass ich dich treffen musste

Ausgerechnet dich

Was Lieberes hab' ich niemals gehabt

Verhalf mir weiterhin zu atmen

Absprung

Eines Tages werd' ich von dem Zug

In dem ich sitze

Abspringen

Oder die Notbremse ziehen

So ganz ohne offensichtlichen Grund

Dann wird man Rechenschaft von mir verlangen

Aber ich werde nur sagen:

Da, wo der Zug hinfährt

Wollte ich ohnehin nicht hin

Ich will das Fahrgeld

Nicht einmal zurück

Behaltet es und werdet selig

Ich gehe ab jetzt

Neben den Gleisen entlang

Und wenn eine Weiche kommt

Stelle ich sie selber ein

Die Halt-Signale beachte ich nicht mehr

Auch wenn es zum Zusammenstoß kommt

Kreisverkehr

Auf den Champs Elysées

Deines Lebens

Fuhrst du bis endlich zum Sternenplatz

Dann kam der Kreisverkehr

Da gab es zwölf Ausfahrten

Und zu viele Gründe um

Eine zu wählen

Du gerietst in die Mitte des Kreises

Und fuhrst um und um

Umgeben vom Chaos

Und trautest dich nicht

Die Spuren zu wechseln

So fährst du noch heute

Immer im Kreis herum

Dumm, dumm

Noch ist der Tank halb voll

Wanzen

Wanzen auf dem Tisch

Küchenschaben sitzen in 'ner Ritze

Ach, welch herrlich Mittagessen!

Aufwasch einer Woche wartet meiner

Speckig – fettig gnadenlose Finger

Dann 'ne Fluppe

Scheiße

Loch im Teppich

Stell' 'ne Kognakflasche drüber

Ist nicht mehr zu sehen

So, und jetzt 'ne Runde poofen

Vier Uhr, oder schon halb fünfe?

Muss noch eben mal zu Earnie

Wollte mir 'ne Frau besorgen

Earnie nicht zu Hause

Sitzt in Untersuchungshaft

Hat 'ne Nonne vergewaltigt

Also lauf ich grad zu Bertie

Whiskey hat er immer da

Bloß, er fixt, das mag ich nicht

Als ich komme, ist er auf 'nem Trip

Nicht zu sprechen, high wie Noon

Alleine sein ist großer Käse

Ich hau 'ne Puppe an, doch die Nummer

Kennt sie schon seit Jahren, sagt sie

An der Ecke steht 'ne Type

Kotzt die Straßenlampe an

Und ein Hund begießt 'nen Baum

Schmeißt sich dann auf eine Hündin

Schäbig, schmutzig ist die Welt

Schnell nach Hause

In mein trautes Zimmerlein

Wo 'ne Flasche steht

Jetzt bin ich nicht mehr allein

Tua maxima culpa

Auf der Baustelle

Deines Daseins

Begann ich

Den Raum abzustecken

Die Grundmauern zu errichten

Bei allem achtete ich streng

Auf die Bauvorschriften

Doch bevor noch der Zement

Getrocknet war

Begriff ich

Dass Du mich nicht

Darin würdest

Hausen lassen

Papier

Ich schreibe

Was ich will

Die Welt darf es lesen

Zensur findet nicht statt

Ihr müsst nicht alles glauben

Wenn auch Manches

In der Tat so war

Oder ist

Und sitz' ich auch hier

Im finsteren Kerker

Oder auf der Veranda

Es bleibet dabei:

Papier errötet nicht

Gebote der Vergangenheit

Du hättest keine anderen Götter neben mir haben
sollen

Nee, hatte ich auch nicht. Das bisschen Alkohol, Sex, Spiel,
Musik, die zählen ja wohl nicht.

Du hättest den Namen des Herrn nicht unnütz
gebrauchen sollen

Ja, Gottverdammt und Himmlsakra, wieso denn das nicht?
Manchmal hat es doch genützt.

Du hättest den Feiertag heiligen sollen

Hätt' ich ja gern. Doch der Terminkalender hat es manchmal
nicht erlaubt. Dann hab' ich eben einen Arbeitstag gefeiert.

Du hättest deinen Vater und deine Mutter ehren
sollen

Hätt' ich ja gerne wollen. Doch hat mein Vater mich geehrt?

Du hättest nicht töten sollen

Hab' ich auch nicht. Ich war ja Kriegesdienstverweigerer. Und
die paar Mücken zählen ja wohl nicht.

Du hättest nicht ehebrechen sollen
Gebrochen hab' ich sie ja nicht. Nur mal die Fühler
ausgestreckt.

Du hättest nicht stehlen sollen
Die paar Gedanken und Zitate? Merkt doch keiner – und
wenn schon?

Du hättest nicht falsch Zeugnis wider deinen
Nächsten reden sollen
Das hab' ich nur, um ihn zu schützen – oder mich.

Du hättest deines Nächsten Weib, Knecht, Magd,
Vieh noch alles, was sein war, nicht begehren sollen
Naja, 'nen Jaguar zu fahr'n hab' ich mir immer schon
gewünscht. Sein Weib war hässlich, seine Magd zu alt.
Geknechtet hab' ich keinen.

Wer ich gern gewesen wäre

Lionel Hampton

Günter Grass

Charles Baudelaire

Humphrey Bogart

Mahatma Gandhi

Der Mann im Mond

Karl Mays diverse ICHs

Aber nicht:

Alfred Nobel

Gollum

Der Mann mit der Maske

Colonel Paul Tibbets

Charles Manson

Alois Hitler jr.

Nur Hirngespinste

Ich bin ich

Und das soll reichen

Was ich gern geworden wäre

Lock-Führer

Links-Anwalt

Krankenbruder

Kläranlagenberater

Backshopbäcker

Gas-/Strom-Nom

Jungenpfleger

Laden-Hüter

Glücksschmied

Kaufhausmeister

Grasnarbenwachshorcher

Gastwirtschaftsprüfer

Taubenschläger

Laubensauger

Streifenhörnchenpolizist

Weserruderbootfahrtkapitän

Streichholzschachtelrevoluzzer

Undsoweiterundsofort

Was nicht war, kann ja noch werden

Zwei Klassen Gesellschaft

Arm oder Reich

Oben und Unten

Schwach oder Stark

Jung oder Alt

Hartz 4 oder BBesG B 5

Holz- oder Erste Klasse

Satt oder Hungrig

Blankenese oder Marxloh

Schwimmer und Nichtschwimmer

Geimpft oder Nicht Geimpft

Influencer oder Influenza

Knäppin oder Rittersfrau

Veganer und Fleischversessene

AutorIn oder LeserIn

Doch MännleIN oder WeibleIN

Das ist nicht mehr so IN

Städtereisen

Drei Meilen bis nach Harrisburg

Über Tschernobyl nach Fukushima

Von Bitterfeld nach Seweso

Von Stalingrad nach Dien Bien Phu

Und Saigon bis Kabul

Von Dachau bis nach Birkenau

Vorbei an Sachsenhausen, Bergen-Belsen

Von Lockerbie bis nach Manhattan

Von Pompeji nach Eyjafjöll

Von Atlantis bis Reschen

Von Vichy nach Paris

Und von Paris bis kurz vor Moskau

Von Haskell County nach Wuhan

Von Berlin 53 über Budapest 56 nach Prag 68

Von Hamburg 62 bis Erftstadt 21

Noch viele Ziele gab es, gibt es

Wird es geben

Man stelle sich schon mal drauf ein

Notizen für eine Abiturrede

Wir haben euch beigebracht,

Dass unsere Kultur zurückgeht

Auf ein Volk von Sklavenhaltern

Wie man Konflikte am besten löst:

Mit dem roten Buch in der Hand

Dass, wer die Macht hat

Bestimmt, was Recht ist

Beziehungen zwischen Menschen

Mit Kriegsmetaphorik bezeichnet werden

Wir haben euch

Die Bedeutung von Humanitas gelehrt

Aber wir haben vergessen euch zu sagen

Was Menschsein ist

Rhetorische Fragen

Wo, wenn nicht hier

Wie, wenn nicht genau so

Was, wenn nicht exakt das

Warum, wenn nicht eben darum

Wem, wenn nicht ihnen

Wen, wenn nicht dich oder mich

Wer, wenn nicht wir

Wann, wenn nicht jetzt erst recht

?

Aus der Zeit gehoben

Und eines Tages

Werde ich da stehen

In einem zierratlosen Topf

Ganz federleicht als grauer Staub

Zerstreut mich nicht in alle Winde

Vielmehr in meinen Fluss

Wo ich mich dann

Getragen von der sanften Strömung

Ins Meer ergießen darf

Und werde Eins mit Allem

Und mit Dir

Wenn Deine Zeit kommt und auch Du

Aus ihr gehoben wirst

Wenn man manche Texte liest

Wenn man manche Texte liest

Von Kaschnitz, Brecht, Kaléko

Von Lorca, Eliot, Ringelnatz

Von Rilke und den andern Großen

Bekommt man das Gefühl

Man bräuchte sie gar nicht

Nochmal zu schreiben

Und tut es dann auch nicht

Denn Nachahmung kann nie gelingen

Erlaubt sind Nachfühlung, Inspiration

Um Neues damit zu erschaffen

Wo, lieber Leser, liebe Leserin,

Du Deinerseits nachfühlst und inspiriert bist

Hab' ich mein Ziel erreicht.

Zitate

„Den metaphysischen Irrtum, aus der Geliebten ein
absolutes Wesen zu machen, bezahlt man mit
Gedichten.“

(Octavio Paz)

„Die Sprache ist die Quelle aller Missverständnisse.“
(Antoine de Saint-Exupéry)

„Wann - wenn nicht jetzt? Wann soll man leben,
wenn nicht in der Zeit, die einem gegeben ist?“
(Christa Wolf)

„Goethe war gut. Der konnte reimen.“
(Rudi Carrell)

Nachtwort

Müde bin ich

Geh zur Ruh

Schließe doch kein Äuglein zu

Leser*in, lass die Augen dein

Wohlwollend

Über meinem Büchlein sein

Über den Autor

Hartmut Aufderstraße

Geboren in der ostwestfälischen Provinz

25 Tage nach Stalins Tod

3 Monate und 18 Tage vor dem Aufstand des 17. Juni in der DDR

Auf den Tag genau:

41 Jahre nach dem Tod von Karl May

100 Jahre nach der Geburt von Vincent van Gogh

109 Jahre nach der Geburt von Paul Verlaine

8 Jahre nach der Geburt von Eric Clapton

2 Jahre nach der Geburt von Wolfgang Niedecken

Studierte Französisch, Spanisch und Literaturwissenschaften an den Universitäten Bochum und Bielefeld.

Lehrer in Herford und an der Europäischen Schule Luxemburg.

Mitautor zahlreicher Lehrwerke v.a. im Bereich Deutsch als Fremdsprache.

Seit 1996 freischaffender Autor

Lebt in Südwest-Frankreich

Verheiratet, 2 Söhne, bis jetzt 1 Enkel

Interessensgebiete: Jazz, Literatur, Bordeaux-Weine

Die meisten der in diesem Buch veröffentlichten
Texte entstanden in den 70er und 80er Jahren des
20. und den 20ern des 21. Jahrhunderts.

Einige wurden zunächst auf Französisch oder
Spanisch verfasst und später auf Deutsch
nachgedichtet.

Weblink:

www.aufderstrasse.net

Hier ist noch freier Platz

Für eigene Ideen

Inspirationen

Fantastereien

Gereimtes oder Ungereimtes

Fühlst Du Dich angeregt

Hier selbst etwas zu schreiben

Zu kritzeln oder zeichnen

Dann ist dies Buch erst wirklich Deins